Eine Weihnachtsgeschichte 2

2-6 Spieler

Ihr braucht:
- 1 Blatt Papier pro Spieler
- 1 Stift pro Spieler
- 1 Stoppuhr / Eier-Uhr

So geht's:

Gemeinsam überlegt ihr euch sieben Wörter, die etwas mit Weihnachten zu tun haben (z.B. Engel, Plätzchen, Schnee, Lametta, Bescherung, Esel, Stern). Dann stellt ihr die Uhr auf fünf Minuten. Jeder von euch hat nun fünf Minuten Zeit, sich eine Geschichte auszudenken, in der alle sieben Wörter mindestens einmal vorkommen müssen. Es ist egal, worum es geht, und sie darf ruhig vollkommen verrückt sein!

Wenn die Zeit abgelaufen ist, lest ihr euch gegenseitig eure Geschichten vor.

Tipp:
Witziger, aber auch schwieriger, wird es, wenn ihr die Geschichten nicht aufschreibt, sondern aus dem Stegreif erzählt. Auch hierbei muss jedes der sieben Wörter mindestens einmal vorkommen – aber das Wort „Weihnachten" darf auf gar keinen Fall erwähnt werden. Wer es doch tut, scheidet aus.

Schneeball-Pusten

2-6 Spieler

Ihr braucht:
- 4 Steine
- 1 großen, glatten Tisch
- 1 Wattebausch

So geht's:

Ihr bildet zwei Mannschaften. Dann markiert ihr an den kurzen Enden des Tisches mit zwei Steinen jeweils ein Tor. Jetzt versucht jede Mannschaft, den Wattebausch in das gegnerische Tor zu pusten.

Tipp: Zwischendurch Verschnaufpausen einlegen, sonst wird euch vom vielen Pusten schwindlig.

Hut ab!

3

2-6 Spieler

Ihr braucht:
- Schnee
- 1 Hut

So geht's:

Baut draußen zuerst einen Schneemann. Ihr könnt ihm ein Gesicht machen mit Augen und Nase und drei Knöpfen für die Jacke. Zum Schluss bekommt er den Hut auf.

Nun zieht ihr in einigem Abstand von dem Schneemann eine Linie. Der Reihe nach stellt sich jeder Spieler dort auf und versucht, mit Schneebällen den Hut vom Kopf des Schneemanns herunterzuwerfen. Wer es mit den wenigsten Würfen schafft, hat gewonnen.

Tipp:
Wenn nicht genug Schnee liegt für einen Schneemann, könnt ihr auch aus mehreren Schneebällen eine Pyramide bauen. Dann versucht ihr, mit einem Schneeball die Pyramide möglichst vollständig zum Einsturz zu bringen.

Der beste Schnee-Baumeister

Ihr braucht:
- Schnee
- Eimer
- Schaufel
- Förmchen
- Kerzen

So geht's:

Warum eigentlich immer nur Schneemänner bauen? Versucht es doch mal mit einem Eispalast – mit Hilfe von Eimer und Förmchen könnt ihr die Wände und Türme gestalten und kreativ verzieren. Und wenn es dunkel wird, stellt ihr Kerzen in die Fenster.

Oder ihr veranstaltet einen Monster-Wettbewerb. Wer baut das gruseligste Schneemonster?

Wunderschön ist die Engelparade: Ihr baut in einer Reihe mehrere Engel und gebt ihnen kleine Kerzen oder Teelichter in die Hand. Wenn es dunkel wird, könnt ihr die Kerzen anzünden.

Rentier-Rennen

2-6 Spieler

Ihr braucht:
- 1 langes Stück Papier, z.B. die Rückseite eines Tapetenrestes
- 1 Stift
- 1 Spielfigur pro Spieler = Rentier
- 1 Würfel

So geht's:

Auf dem Papier zeichnet ihr zunächst eine Rennstrecke ein: An dem einen Ende markiert ihr eine Startlinie, am anderen Ende eine Ziellinie. Natürlich könnt ihr die Rennstrecke auch in einem Oval verlaufen lassen – dann ist der Start zugleich das Ziel. Diese Strecke wird jetzt in sechs Spuren geteilt. Diese Spuren wiederum unterteilt ihr quer in viele kleine gleich große Felder.

Rückseite geht's weiter…

Nun stellt jeder sein Rentier an der Startlinie auf und es wird reihum gewürfelt. Jeder darf nur einmal würfeln und immer so viele Felder vorsetzen, wie er Augen gewürfelt hat.

Na – welches Rentier ist am schnellsten?

Tipp:

Ihr könnt auch noch Hürden in eure Rennstrecke einbauen. Dazu legt ihr in einigen Abständen kleine Klötzchen oder Hölzchen auf die Spuren. Sobald ein Rentier eines dieser Hindernisse erreicht, muss es den Spielzug unterbrechen und erneut würfeln. Bei einer sechs darf die Hürde sofort übersprungen und noch ein weiteres Mal gewürfelt werden. Wenn es keine sechs ist, ist erst mal der Nächste dran.

Der Nikolaus-Bart

2-10 Spieler

Ihr braucht:
- 2 Schüsseln
- Wattebäusche
- Vaseline

So geht's:

Die beiden Schüsseln werden mit dem Wattebäuschen gefüllt. Dann schmiert ihr euch um Kinn und den Mund herum dick mit Vaseline ein. Ihr bildet zwei Gruppen. Jede Gruppe stellt in einiger Entfernung die Schüssel mit den Wattebäuschen auf. Auf Kommando rennen die Ersten jeder Gruppe los und tauchen ihr Gesicht in die Schüssel. Die Hände müssen dabei aber auf dem Rücken bleiben.

Auf der Rückseite geht's weiter…

Dann sind die nächsten beiden dran. Jeder darf sein Gesicht nur einmal eintauchen.

Am Schluss hat die Gruppe gewonnen, die die schönsten Bärte hat – die abgefallenen Wattebäusche zählen natürlich nicht!

Ab durch die Beine! 7

Mindestens 8 Spieler

Ihr braucht:

- Schnee

So geht's:

Ihr bildet zwei Teams. Jedes Team stellt sich hintereinander auf und alle grätschen die Beine. Die Ersten jedes Teams halten einen großen Schneeball in der Hand. Auf Kommando beugen sie sich nach unten und reichen den Schneeball durch die gegrätschten Beine hindurch an den Spieler hinter ihnen weiter. Der reicht ihn wiederum an den Nächsten weiter. Wenn der Schneeball beim letzten Spieler angekommen ist, ruft der ganz laut: „Stopp!" Das Team, das zuerst Stopp ruft, hat gewonnen.

Das große Weihnachts-Würfelspiel

2-6 Spieler

Ihr braucht:
- 1 großes Blatt Papier (mind. DIN A4)
- Stifte
- Spielfiguren
- 1 Würfel

Vorbereitung: Auf das Blatt Papier malt ihr zunächst euren Spielplan auf. Dazu markiert ihr einen Start und ein Ziel und verbindet diese beiden Punkte durch einen verschlungenen Weg aus 25 runden Feldern, die alle mit einer Linie verbunden sind. Die Felder werden nummeriert von 1 bis 25. Die besonderen Tage werden rot markiert – das sind die Aktionstage. Einige andere Felder bekommen Symbole – das sind ebenfalls Aktionstage.

So wird gespielt:

Jeder Spieler bekommt eine Spielfigur und es wird reihum gewürfelt – aber immer nur einmal. Sobald ein Spieler auf ein Aktionsfeld kommt, muss er die Anweisungen ausführen, also zum Beispiel ein Lied singen oder einmal aussetzen. Wer zuerst das Zielfeld erreicht hat (das 25. Feld!), hat gewonnen.

Aktionsfelder auf der Rückseite...

Aktionsfelder:

4. Dezember – Barbaratag: Du gehst in den Wald um frische Zweige zu schneiden und setzt einmal aus.

6. Dezember – Nikolaus: Der Nikolaus hat eine Überraschung für dich: Du darfst zwei Felder vorsetzen.

13. Dezember – Lucia-Tag: Du nimmst an einem Lichter-Umzug teil und setzt einmal aus.

21. Dezember – Wintersonnenwende: In der längsten Nacht des Jahres schläfst du besonders lange und setzt einmal aus.

24. Dezember - In Bethlehem ist keine Herberge frei. Gehe drei Felder zurück und suche weiter.

Note – Sing ein Weihnachtslied.

Esel – Nimm einen anderen Spieler huckepack und trage ihn einmal ums Zimmer.

Plätzchen – Du darfst in die Plätzchendose greifen.

Weihnachtsstern – Du hast einen Stern gesehen und folgst ihm. Rücke vor bis zum nächsten Feld mit Stern.

Schaf – Eine Schafherde versperrt deinen Weg. Setze einmal aus.

Kamel – Du unternimmst einen Ausritt auf einem Kamel. Setze drei Felder zurück.

Krone – Du begegnest den Heiligen Drei Königen, die dich ein Stück mitnehmen. Würfel noch einmal.

Tannenbaum – Sage die erste Strophe aus einem Weihnachtsgedicht auf.

Nüsse würfeln

9

2–6 Spieler

Ihr braucht:
- Viele Nüsse (mit Schalen)
- 1 Würfel

So geht's:

Jeder Spieler bekommt 10 Nüsse. Jetzt wird reihum gewürfelt. Wer eine 1 würfelt, darf eine Nuss in die Tischmitte legen. Wer eine 6 würfelt, gibt eine Nuss an den Nachbarn zur Rechten ab. Wer als Erster alle Nüsse losgeworden ist, hat gewonnen.

Murmelberg

1 - 6 Spieler

Ihr braucht:
- Schnee
- Murmeln

So geht's:

Baut einen großen Kegelberg aus Schnee: Oben ist er spitz, nach unten hin wird er immer breiter. Dann grabt ihr mit den Händen spiralförmig von oben nach unten eine kleine Rinne in den Kegel – die Murmelrollbahn. Achtet darauf, dass sie schön glatt ist und etwas vertieft, damit die Murmel nicht herausfallen kann.

Jetzt oben die Murmeln hineinlegen, einen kleinen Schubs geben – und los geht's!

Tipp:

Natürlich könnt ihr auch andere Gebilde aus Schnee bauen und eine Murmelbahn darauf anlegen. Ihr müsst nur darauf achten, dass die Murmel immer nur sehr kleine Strecken aufwärts rollen kann, und auch nur dann, wenn sie vorher genug Schwung hat. Also nicht zu viele Höhen und Tiefen in die Bahn einbauen, sonst bleibt die Murmel stecken.

Schau genau!

11

2-6 Spieler

Ihr braucht:

- 1 Teller oder 1 Tablett
- Verschiedene weihnachtliche Dinge: Tannenzapfen, Kerze, Nüsse, Süßigkeiten, Weihnachtsdeko etc.

So geht's:

Der Spielleiter legt eine bestimmte Anzahl der weihnachtlichen Dinge auf dem Teller oder Tablett aus, so dass man alle gut erkennen kann. Jeder Spieler darf die Anordnung eine Minute lang genau ansehen. Dann drehen sich alle Spieler um, während der Spielleiter eins der Dinge wegnimmt oder ein weiteres dazulegt. Jetzt dürfen sich alle wieder umdrehen. Wer zuerst errät, was sich auf dem Teller/Tablett verändert hat, ist Sieger.

Tipp:

Dieses Spiel könnt ihr auch variieren, indem ihr euch umdreht und dann versucht, alle Dinge aufzuzählen, die auf dem Tablett zu sehen waren. Oder ihr legt mehrere Dinge in eine Reihe, ein Spieler darf sie eine Minute lang betrachten und muss sie dann genau in der richtigen Reihenfolge aufzählen.

Ab in die Höhle!

12

2-6 Spieler

Ihr braucht:
- 1 Schuhkarton
- Schere
- Stift
- Walnüsse

Vorbereitung:

Nehmt den Deckel des Schuhkartons ab und zeichnet an der offenen Hälfte einer Längsseite vier unterschiedlich große Höhleneingänge s.o. auf. Der kleinste muss so groß sein, dass eine große Walnuss gut durchpasst. Darüber schreibt ihr die Zahlen 1,2,4 und 6 – 6 über den kleinsten Eingang, 1 über den größten. Wenn ihr Lust habt, könnt ihr den Karton auch noch weihnachtlich bemalen oder bekleben.

Auf der Rückseite geht's weiter…

So geht's:

Stellt den Karton so auf den Boden, dass die offene Seite zum Boden weist und ihr auf die Höhleneingänge schaut. Dann setzt ihr euch in einiger Entfernung davor (je weiter weg ihr sitzt, desto schwieriger ist es natürlich) und zielt abwechselnd mit den Walnüssen auf die Höhleneingänge. Für jeden getroffenen Eingang bekommt ihr die Anzahl Punkte, die darüber steht. Wer zuerst 24 Punkte hat, ist Sieger.

Plätzchen „backen"

2 Spieler

Dieses Spiel ist ein schönes Spiel zu zweit mit jemandem, den ihr gut kennt. Ihr könnt es je nach Laune eher entspannend oder eher lustig spielen.

So geht's:

Einer der beiden Spieler legt sich bequem auf den Bauch. Der andere Spieler kniet sich seitlich davor und backt nun auf dem Rücken des Anderen Plätzchen, indem er mit den Händen Bewegungen auf dem Rücken ausführt. Dabei sagt er immer laut, was er gerade tut.

Hier ist ein Vorschlag, wie ihr es machen könnt:

Zuallererst muss natürlich Mehl auf die Arbeitsfläche gestreut werden (mit allen zehn Fingern sanft auf den Rücken trommeln).

Dann wird Butter in kleine Stücke geschnitten (mit der Handkante „sägen") und verteilt (mit den Fingern klopfen).

Jetzt Zucker darüber streuen (mit den Fingern auf dem Rücken krabbeln).

Zwei Eier dazu (pantomimisch zwei Eier aufschlagen und mit den Handflächen auf den Rücken patschen).

Dann alles gut verkneten (mit beiden Händen den Rücken kneten).

Eine Teigkugel rollen (….).

Teig ausrollen .

Plätzchen ausstechen und auf ein Backblech legen.

Nach dem Backen abkühlen lassen (pusten).

Und jetzt … werden die Rollen getauscht!

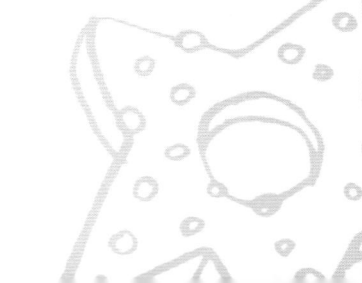

Mal mir einen Schneemann!

14

2-6 Spieler

Ihr braucht:
- 1 Blatt Papier pro Spieler
- 1 Stift pro Spieler
- 1 Würfel

So geht's:

Jeder Spieler hat vor sich das Blatt Papier und den Stift. Es wird reihum gewürfelt. Wer eine 1 oder eine 6 würfelt, darf ein Stück von seinem Schneemann zeichnen, und zwar immer in der gleichen Reihenfolge. Wer zuerst den Schneemann vollständig hat, ist Sieger.

Reihenfolge des Malen auf der Rückseite…

In dieser Reihenfolge malt ihr den Schneemann:

1. Bauch
2. Kopf
3. Hut
4. Auge 1
5. Auge 2
6. Nase
7. Mund
8. Knopf 1
9. Knopf 2
10. Knopf 3

Die Wichtel sind los! 15

2-6 Spieler

Ihr braucht:
- 1 Schlüssel

So geht's:

Es ist allgemein bekannt, dass an Weihnachten auch die Wichtel ihr Unwesen treiben. Waren sie vielleicht auch bei euch im Haus?

Für dieses Spiel übernimmt jedoch einer von euch die Rolle des Wichtels und versteckt einen großen Schlüssel im Zimmer. Und zwar so, dass man ihn finden kann, ohne etwas anfassen zu müssen, nur durch genaue Beobachtung. Alle anderen Kinder warten so lange draußen – aber nicht durchs Schlüsselloch gucken!

Auf der Rückseite geht's weiter...

Wenn der Schlüssel versteckt ist, dürfen alle wieder reinkommen und suchen jetzt nach dem Schlüssel. Wer ihn zuerst findet, darf als Nächster den Schlüssel verstecken.

Tipp:
Dieses Spiel könnt ihr auch variieren, indem ihr kleine Wichtel versteckt, die auf keinen Fall gefunden werden wollen.

Wer trifft?

16

2-6 Spieler

Ihr braucht:
- Schnee
- Schnur
- 1 Schere

Vorbereitung:

Mit der Schnur legt ihr im Schnee einen Kreis von ca. 1 m Durchmesser. Dann schneidet ihr ein zweites Stück von der Schnur ab, mit der ihr innerhalb des ersten Kreises einen zweiten, kleineren Kreis legt. Der Abstand zum ersten Kreis sollte ungefähr eine Fußlänge betragen. Und schließlich legt ihr mit einem dritten Stück Schnur einen dritten, noch kleineren Kreis in den zweiten Kreis. Jetzt habt ihr eine Zielscheibe.

Auf der Rückseite geht`s weiter...

So geht's:

Jeder Spieler formt 5 Schneebälle. Dann stellt ihr euch alle in einer Linie auf und werft abwechselnd auf die Zielscheibe. Der innerste Kreis zählt 100 Punkte, der mittlere 50 und der äußere 10. Gewinner ist, wer mit den fünf Schneebällen die meisten Punkte macht.

Weihnachts-Memory

2-6 Spieler

Ihr braucht:

- Dickes Papier
- Schere
- Lineal
- Klebstoff
- Stifte
- Evtl. Pappe und selbstklebende Klarsichtfolie

Vorbereitung:

Auf das Papier zeichnet ihr mit Lineal und Bleistift zweimal 16 Quadrate von 10 x 10 cm und schneidet sie aus. Dann bemalt ihr die Quadrate mit weihnachtlichen Motiven, und zwar immer zwei mit genau dem gleichen Motiv: Engel, Glocke, Stern, Tannenbaum, Geschenk …

Auf der Rückseite geht's weiter…

Ihr könnt die Quadrate natürlich auch bunt bekleben, mit Goldfolie oder Buntpapier, oder mit Resten von Geschenkpapier. Hauptsache, es sehen immer zwei Karten genau gleich aus. Wenn ihr es besonders gut machen wollt, klebt ihr die Quadrate dann noch auf Pappe (zur Verstärkung) und überzieht sie mit selbstklebender Klarsichtfolie. Dabei lasst ihr euch am besten von einem Erwachsenen helfen.

So geht's:

Jetzt könnt ihr spielen. Die Karten werden gemischt und auf einem Tisch verdeckt ausgelegt. Reihum darf nun jeder Spieler zwei Karten aufdecken. Wenn es zwei gleiche Karten sind, darf er sie wegnehmen und auf seinen Stapel legen; dann darf er ein zweites Mal zwei Karten umdrehen. Sobald er auf zwei unterschiedliche Karten trifft, dreht er sie wieder um und der nächste ist an der Reihe. Gewinner ist, wer am Schluss die meisten Kartenpaare gesammelt hat.

Tipp: Dieses selbstgemachte Spiel ist auch ein sehr hübsches Geschenk

Mütze, Schal und Handschuh

2-6 Spieler

Ihr braucht:
- 1 Schal
- 1 Mütze
- 1 Paar Handschuhe
- Messer und Gabel
- 1 Tafel Schokolade, in Geschenkpapier verpackt

So geht's:

Alle setzen sich an einen Tisch. In der Mitte liegt die Tafel Schokolade. In der Nähe liegen Mütze, Schal und Handschuhe bereit. Reihum wird gewürfelt. Wer zuerst eine 6 würfelt, darf sich so schnell wie möglich Mütze, Schal und Handschuhe anziehen. Dann versucht er, mit Hilfe von Messer und Gabel die Schokolade auszupacken, ein Stück abzuschneiden und zu essen.

Auf der Rückseite geht's weiter…

Inzwischen würfeln die anderen Spieler weiter. Sobald jemand anders eine 6 gewürfelt hat, muss der erste Spieler Mütze, Schal und Handschuhe an den anderen abgeben, der nun seinerseits versucht, die Schokolade zu essen. Aber nur, bis wieder jemand eine 6 würfelt … Wenn die Schokolade aufgegessen ist, ist das Spiel zu Ende.

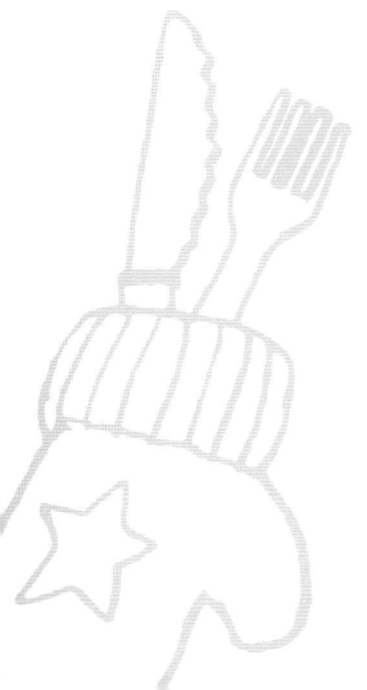

Wer kennt die Weihnachtsgeschichte? 19

2-6 Spieler

Ihr braucht:
- 1 Buch mit der Weihnachtsgeschichte
- 1 Vorleser

Natürlich habt ihr alle die Weihnachtsgeschichte schon oft gehört. Aber wie gut kennt ihr sie wirklich? Bei diesem Spiel findet ihr es heraus!

So geht's:
Einer von euch (oder ein Erwachsener) liest die Weihnachtsgeschichte vor. Alle hören gut zu. Dann lauft ihr mal kurz ums Haus, die Treppe rauf und runter, oder ihr macht ein paar Kniebeugen und Hampelmänner.

Auf der Rückseite geht's weiter...

Anschließend wird die Weihnachtsgeschichte noch einmal vorgelesen. Aber diesmal hat der Vorleser ein paar kleine Veränderungen eingebaut. Wer hat gut aufgepasst und findet sie?

Tipp:

Statt der Geschichte aus der Bibel könnt ihr natürlich auch eine andere Weihnachtsgeschichte vorlesen – sie sollte nur nicht zu lang sein.

Spurensuche im Schnee 20

2-6 Spieler

Ihr braucht:

- Schnee

Wenn die Welt verschneit ist, hinterlassen viele Lebewesen und Dinge seltsame Spuren im Schnee. Manche Spuren sind nur sehr schwer zu erraten. Von wem können sie sein? Und wohin führen sie? War vielleicht sogar schon das Christkind unterwegs?

So geht's:

Ihr bildet zwei Gruppen. Eine Gruppe geht voraus und legt eine Spur – wie die Spur aussieht, bleibt euch überlassen. Das können Abdrücke von Stiefeln, Farbkleckse, Zweige, Pfeile, kleine Münzen oder Nüsse sein. Oder ihr legt eine schimmernde Spur aus Goldglimmer. Und natürlich muss die Spur auch nicht schnurstracks geradeaus führen. Sie kann Umwege machen, ins Leere laufen und seltsame Kehrwendungen vollführen.

Auf der Rückseite geht`s weiter…

Die zweite Gruppe hat die Aufgabe, dieser Spur bis zum Ende zu folgen. Und da findet sie – was? Vielleicht ein kleines, im Schnee vergrabenes Schatzkästchen?

Weihnachtliche Kreaturen

21

2-6 Spieler

Ihr braucht:
- 1 Blatt Papier für jeden Spieler
- 1 Stift für jeden Spieler

So geht's:

Ihr setzt euch an einen Tisch und jeder bekommt ein Blatt Papier und einen Stift. Am besten setzt ihr euch so, dass ihr nicht auf das Papier des anderen schauen könnt.

Jetzt malt jeder auf das obere Drittel seines Blattes einen Kopf – das kann der Kopf eines Engel, eines Weihnachtsmanns, eines Esels oder eines Schafhirten sein. Es sollte nur eine Figur sein, die etwas mit Weihnachten zu tun hat. Dann klappen alle ihr Blatt so nach hinten um, dass nur noch der Halsansatz zu sehen ist, und reichen es an den Nachbarn zu ihrer Rechten weiter.

Auf der Rückseite geht's weiter…

Jeder malt jetzt einen Rumpf – wieder sollte es der Rumpf einer Figur sein, die etwas mit Weihnachten zu tun hat. Anschließend wieder umklappen und weiterreichen. Zum Schluss kommen noch Beine und Füße unten dran. Wenn alle fertig sind, dürfen alle Blätter auseinandergefaltet werden. Na – was ist dabei herausgekommen?

Wo sind die Weihnachtsplätzchen?

22

2-6 Spieler

Ihr braucht:
- Weihnachtsplätzchen oder andere Süßigkeiten
- für jeden Spieler eine kleine Schale oder einen Beutel
- einen Erwachsenen, der euch hilft

So geht's:

Ihr bittet den Erwachsenen, die Weihnachtsplätzchen oder die Süßigkeiten (z.B. kleine Schokoladen-Nikoläuse oder bunte Schokokugeln oder Walnüsse) in eurem Kinderzimmer zu verstecken. Ihr wartet natürlich so lange draußen und ihr guckt auch nicht durchs Schlüsselloch!

Auf der Rückseite geht's weiter…

Wenn alles versteckt ist, dürft ihr rein. Alle beginnen zu suchen und sammeln die gefundenen Dinge in ihre Schale oder ihren Beutel. Wer am Schluss die meisten Süßigkeiten gefunden hat, hat gewonnen. Aber natürlich wird am Ende gerecht geteilt!

Das Haus vom Nikolaus

23

2 Spieler

Ihr braucht:
- 1 Blatt Papier
- 1 Stift

So geht's:

Einer von euch beiden ist der Nikolaus, der sein Haus bauen will. Er denkt sich ein Wort aus. Für jeden Buchstaben dieses Wortes malt er ein leeres Kästchen auf das Blatt Papier. Nun darf der andere Spieler Buchstaben raten. Wenn er einen Buchstaben genannt hat, der in dem Wort vorkommt, dann wird der Buchstabe in das entsprechende Kästchen eingetragen. Wenn er mehrmals vorkommt, wird er auch mehrmals hineingeschrieben.

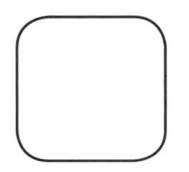

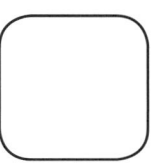

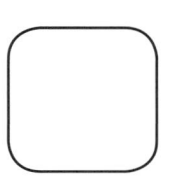

☐ ☐A☐ ☐ ☐

Auf der Rückseite geht's weiter...

Wenn der geratene Buchstabe nicht in dem Wort vorkommt, darf der Nikolaus die erste Wand seines Hauses auf das Blatt Papier zeichnen. Und so geht es weiter. Wenn das Wort erraten ist, bevor der Nikolaus sein Haus fertig gezeichnet hat, dann werden beim nächsten Spiel die Rollen getauscht.

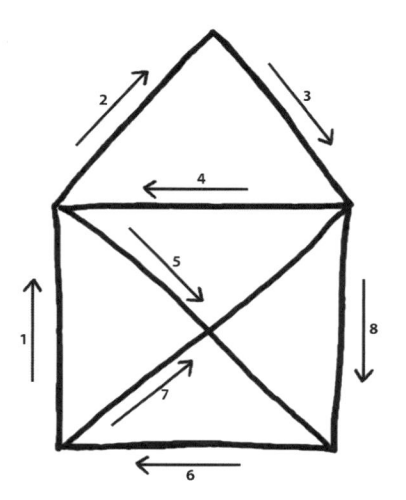

Tipp:
Finde heraus, wie man das Haus vom Nikolaus malt, ohne mit dem Stift abzusetzen.

Schlittenfahren ohne Schnee! 24

2-5 Spieler

Ihr braucht:
- einen großen Raum
- eine Decke oder ein Handtuch

So geht's:

Ist immer noch kein Schnee gefallen? Macht nichts! Ihr könnt auch ohne Schnee Schlitten fahren!

Zuerst sucht ihr euch einen großen Raum. Ideal wäre ein glatter Boden – Fliesen oder Laminat. Dann räumt ihr alles, was kaputtgehen kann, ganz weit weg. Jetzt breitet ihr das Handtuch oder die Decke auf dem Boden aus und einer von euch setzt sich darauf – der Schlittenführer. Die anderen sind die Schlittenhunde und packen die Decke vorne oder an den vier Ecken an.

Auf der Rückseite geht`s weiter…

Und jetzt rennen sie los! Der Schlittenführer ruft seinen Hunden Befehle zu (Rechts! Links! Geradeaus! Schneller! Langsamer!), die natürlich befolgt werden müssen. Aber der Schlittenführer darf auch nicht vom Schlitten fallen!